Bitcoin:
La ruta del dinero

Guía práctica para inversionistas

Erika Espinal

Copyright © 2021 Erika Espinal

All rights reserved.
Reservados todos los derechos

Garcia Corpas Editorial LLC
USA, 2021

ISBN: 9798548718037

DEDICATORIA

Dedicado a todos aquellos que quieren aprender a dominar las inversiones en Bitcoin, y lograr así su independencia económica a través de este vehículo financiero.

ÍNDICE

1. Introducción a Bitcoin — 1
2. ¿Qué hace a Bitcoin diferente? — 9
3. Ventajas y desventajas de Bitcoin — 36
4. *Forks*, *Lightning network* y actualización *Taproot* — 41
5. Bitcoin como una inversión — 49
6. Dinero FIAT, Bitcoin, y otras criptomonedas — 58
7. El futuro de Bitcoin — 77
8. Conclusiones — 80
9. Glosario — 82

1. INTRODUCCIÓN A BITCOIN

¿Qué es Bitcoin?

Si eres nuevo en las criptomonedas, tu primera pregunta es probablemente ¿Qué es Bitcoin?. La respuesta corta es que Bitcoin es una criptomoneda o un activo digital protegido por la criptografía. Bitcoin y la mayoría de las criptomonedas, aunque no todas, utilizan la tecnología blockchain.

Esta guía responderá a las preguntas comunes que los recién llegados tienen cuando se acercan por primera vez a Bitcoin.

¿Cómo funcionan las blockchains?
¿Qué hace que Bitcoin sea valioso?
¿Qué es la descentralización?
¿Qué es la minería?
¿Cómo se compra Bitcoin?
¿Cómo lo guardas con seguridad?
¿Cómo se envía o recibe Bitcoin de otra persona?

Pero no nos detendremos allí. Una vez que hayas aprendido lo básico, también te explicaré cómo funcionan las carteras, las categorías, cuáles son las más seguras, y te daré algunas recomendaciones para obtener el máximo beneficio con tu inversión, y estrategias que puedes implementar inmediatamente para generar ingresos pasivos de forma constante con el menor riesgo posible.

Finalmente, concluiremos con una mirada hacia el futuro de Bitcoin, y cómo la red puede potencialmente escalar para manejar un volumen de transacciones mayor que en la actualidad. Además, veremos algunas criptomonedas que tienen un gran potencial a futuro, en las que puedes ver una opción de inversión o de diversificación de tu portafolio.

Quizás encuentres términos relacionados con blockchain en esta guía con los que no estás familiarizado. Si te encuentras con algunos, no te preocupes por entender inmediatamente, sigue leyendo y descubrirás que el contexto te ayuda a aclarar las cosas. Si deseas asegurarte de que comprendes todo más a fondo, también puedes consultar el "glosario de criptomonedas" con los términos esenciales de blockchain y criptomonedas, que vas a encontrar al final de esta guía.

Mis inicios en Bitcoin

Conocí Bitcoin por primera vez en agosto 2016 a través de un amigo que publicaba constantemente en Facebook el precio de esta moneda que para mí era tan extraña. No tenía ni idea de las inversiones, nunca lo había hecho, ni siquiera sabía cómo funcionaban. Era una emprendedora con muchas ganas de lograr mis sueños y ayudar a mi familia. Había estudiado libros como "Piense y hágase rico" "Padre rico, padre pobre", había incursionado incluso en algunos negocios de *network marketing*, buscando mi libertad financiera, y sabía la importancia de tener un negocio propio, pero nunca me habían hablado sobre las inversiones.

Muchas personas que me veían muy activa, me presentaban diferentes tipos de negocios, inclusive estos amigos estaban en una red de mercadeo que trabajaba con Bitcoin, por eso, su insistencia en que yo incursionara en esta moneda.

En principio no le presté atención, porque estaba ocupada en otros negocios y asuntos personales, dejé de darle seguimiento a mis amigos que invertían en Bitcoin, sin embargo, luego de seis meses volví a revisar y esta moneda había pasado de costar 600.00 USD a 1,000.00 USD en enero 2017. Además, algo que me parecía interesante es que ellos habían pasado a tener una muy buena situación económica en menos de 6 meses. Yo los conocía muy bien, y sabía de dónde venían. Habíamos trabajado juntos para lograr resultados y había sido en vano, pero al ver lo que estaba sucediendo, decidí reunirme con ellos para que me explicaran esto que para mí era un milagro.

La verdad no entendía nada de lo que trataron de explicarme sobre Bitcoin, parecía que me hablaban en un idioma desconocido para mí. ¿Cómo podría pasar a efectivo un dinero que estaba en internet, sin bancos ni nada del sistema tradicional como lo conocemos? Si para mí, como ingeniera de sistemas era difícil de entender no puedo imaginar lo difícil que seria explicarle a una persona que no tuviera la más mínima relación con el tema de la tecnología.

Todo empezó a tomar sentido para mí cuando lo llevé a la práctica.

Lamentablemente, no comencé de la forma correcta en este mercado, gané y perdí mucho dinero por no tener la guía correcta sobre cómo funcionaba este mercado.

Pensaba que para ganar dinero tenía que hacerlo a través de alguna plataforma que gestionara mi inversión, pero para mi sorpresa, estas supuestas compañías terminaban desapareciendo luego de algún tiempo.

Comencé a investigar más de cerca este mercado, entendí que yo podía hacerlo sin necesidad de intermediarios, y que si aprendía las reglas yo podría ser capaz de generar riqueza y cambiar mi vida, y no solo la mía, sino la vida de muchas personas al rededor del mundo.

Y esa es la razón principal por la que decidí escribir este libro.

Una breve introducción a las criptomonedas

Hay muchas criptomonedas diferentes que sirven para diferentes propósitos. Bitcoin es la primera y la más conocida, pero no todas las criptomonedas se parecen, necesariamente, a Bitcoin.

En su nivel más fundamental, una criptomoneda es simplemente un sistema de pago digital de igual a igual, de persona a persona. Otra forma de decir peer-to-peer es que no hay intermediarios, específicamente bancos o instituciones financieras, que faciliten las transacciones. Para una explicación más detallada, puedes visitar mi sitio web: www.erikaespinal.info

Ahora, vamos con Bitcoin. Empecemos por el principio: Satoshi Nakamoto y el bloque génesis.

La historia de Bitcoin

El documento técnico de Bitcoin, fue publicado en 2008 por un autor pseudo anónimo llamado Satoshi Nakamoto. Fue la primera vez en la historia que alguien reunió las ideas de una moneda digital y una tecnología de cadena de bloques.

La gente ha estado especulando sobre la verdadera identidad de Nakamoto desde entonces. Como el minero original de Bitcoin, se sabe que ha acumulado aproximadamente 980,000 Bitcoins. Esas monedas se han mantenido intactas durante años, y es probable que permanezcan fuera de circulación para siempre.

Satoshi Nakamoto se escuchó por última vez a principios de 2011, muchos han tratado de encontrarlo desde entonces, pero no han tenido éxito hasta ahora. Aun cuando la verdadera identidad de Nakamoto sigue siendo un misterio, su creación sigue viva.

¿Por qué se creó Bitcoin?

En particular, el primer bloque que Nakamoto extrajo, llamado el bloque génesis, contenía este mensaje: *"The Times 03/Jan/2009 Chancellor on brink of second bailout for banks"* ("The Times, 3 de enero de 2009, el Canciller a punto de segundo rescate para los bancos.")

Esto hace referencia a un artículo de noticias sobre los rescates gubernamentales de los bancos durante la recesión económica de 2008. Se acepta ampliamente que Nakamoto es una declaración política sobre la razón por la que se creó Bitcoin: Perturbar a las instituciones financieras que han controlado nuestras economías y medios de vida durante mucho tiempo.

¿Cómo creció Bitcoin?

Bitcoin comenzó a obtener una adopción significativa en 2011.

Wikileaks y otras organizaciones comenzaron a aceptar donaciones de Bitcoin, y se mencionó ocasionalmente en la cultura pop. Para el 2012, había más de 1000 comerciantes que aceptaban Bitcoin.

En 2013, Bitcoin comenzó a ganar su primera atención real y su precio cruzó el umbral de $ 1,000 por primera vez. Luego, en febrero de 2014, Mt Gox, el mayor intercambio de criptomonedas en ese momento, se declaró en bancarrota luego de que le robaran 744,000 bitcoins. Aun así, más y más empresas comenzaron a aceptar Bitcoin, incluidos los gigantes tecnológicos Microsoft y Dell.

A finales de 2016, había cientos de miles de comerciantes que aceptaban Bitcoin y el precio de la moneda estaba cobrando impulso nuevamente. Como probablemente sepas, ese impulso lo llevó a niveles sin precedentes, llegando a alcanzar los $ 20,000 USD en diciembre de 2017.

Pero lo más asombroso sucedió el 14 de abril del 2021, cuando la cotización de bitcoin llegó a alcanzar un máximo de $ 64, 634 USD.

Con el nuevo récord, el valor de Bitcoin representó un crecimiento de 464% frente a los $ 11.200 de fines de 2019, y de 126% desde el inicio de 2021 cuando cotizaba a $ 28,000 USD.

La criptomoneda superó los $ 20.000 en diciembre del 2020, y ya en enero rompió la barrera de los $ 40,000. Un mes más tarde, superó la marca de $ 50,000, y en marzo la de los $ 60.000.

Muchos inversores institucionales comenzaron a invertir en Bitcoin, lo que provocó que el valor de mercado de las criptomonedas se duplicaran en poco más de dos meses.

Simplemente, fue una locura vivir ese momento increíble del mercado.

2. ¿QUÉ HACE A BITCOIN DIFERENTE?

¿Qué hace a Bitcoin diferente de las monedas Fiat?

Las monedas fiduciarias como el dólar, el euro o pesos, se han utilizado como el principal medio de intercambio de la humanidad durante cientos de años. Durante la mayor parte de ese tiempo, las monedas estaban respaldadas por oro. Sin embargo, eso cambió lentamente durante el siglo XX, y muchos países se vieron obligados a abandonar el patrón oro como resultado de la Gran Depresión.

Eso deja la pregunta: ¿En qué están respaldadas las monedas fiduciarias ahora, si no es el oro?

La respuesta, esencialmente, es que las monedas están respaldadas por la confianza en las instituciones que las gobiernan. En ninguna parte se afirma esto más claramente que con el dólar estadounidense, que se dice que está respaldado por la "plena fe y crédito" del gobierno de los Estados Unidos.

Muy bien, volvamos a Bitcoin. Como Bitcoin no está respaldado por ningún otro producto, su valor, como el de las monedas fiduciarias, se basa en la confianza.

Lo que hace diferente a Bitcoin de las monedas fiduciarias es simplemente una cuestión de dónde se deposita esa confianza.

Para el dinero fiat, la confianza se coloca en instituciones dirigidas por personas. Para Bitcoin, la confianza se coloca en la tecnología, la cadena de bloques.

¿Qué es una blockchain?

La innovación que hace posible Bitcoin es la tecnología blockchain.

Un blockchain es un libro digital de información que se puede distribuir fácilmente a través de una red. Es lo que hace que Bitcoin sea accesible para cualquier persona con acceso a Internet, en cualquier parte del mundo.

En una cadena de bloques, cada bloque contiene datos. En el caso de la cadena de bloques de Bitcoin, esos datos tienen que ver con las transacciones. Una vez que se agrega un bloque a la cadena, nunca puede eliminarse ni alterarse de ninguna manera. Las transacciones de Bitcoin, una vez validadas, son permanentes.

Las nuevas transacciones son procesadas y validadas por los mineros. Más adelante hablaré sobre cómo funciona la minería.

Por ahora, concentrémonos en los beneficios de blockchain que ayudan a separar las criptomonedas de las monedas fiduciarias.

Descentralización y falta de confianza

La mayoría de los sistemas que gobiernan la sociedad humana están centralizados. Los gobiernos, los bancos, y las corporaciones suelen estar estructurados de tal manera que la mayoría del poder de decisión se concentra en la parte superior. Las bases de datos grandes generalmente se almacenan y se mantienen en centros de datos en solo una o dos ubicaciones.

Las cadenas de bloques nos permiten ejecutar sistemas sin concentrar el poder sobre esos sistemas en manos de una pequeña fracción de las poblaciones que los utilizan. Nos permiten almacenar bases de datos simultáneamente en cientos o incluso miles de ubicaciones diferentes. Esto se llama descentralización.

¿Por qué la descentralización es tan importante?

En términos de la base de datos, los sistemas descentralizados han mejorado la seguridad porque no tienen un solo punto de falla. En otras palabras, si algunas de las ubicaciones que almacenan una cadena de bloques se desconectan repentinamente por algún motivo, todavía hay cientos de otras que hacen el trabajo. El sistema continúa.

Por supuesto, muchos sistemas centralizados todavía tienen buena seguridad. ¿Hay más en la descentralización que solo distribuir bases de datos? Sí hay. Con los sistemas centralizados, todos estamos obligados a confiar en otros seres humanos para "hacer lo correcto". Pero, ¿y si lo correcto para ellos no es lo correcto para ti? Claro, podemos esperar que las personas en el poder tengan integridad, pero no siempre será así. La expectativa más racional de los demás es que actuarán en su mejor interés personal, como lo hacen los seres humanos.

Los sistemas descentralizados están diseñados para que cada participante pueda actuar en su propio interés dentro del sistema sin dañar a otros participantes. La corrupción, la codicia y la incompetencia que prevalecen en nuestros antiguos sistemas centralizados, simplemente no tienen un lugar tan fuerte en los sistemas descentralizados.

No es necesario confiar en nadie más para "hacer lo correcto", esto se llama falta de confianza. Ningún individuo tiene poder o control sobre el sistema. Esto es lo que hace que la tecnología blockchain sea verdaderamente revolucionaria.

¿Quién o qué opera la red de Bitcoin?

Bitcoin puede ser solo un montón de códigos de computadora, pero aún se necesitan humanos para ejecutar ese código. Más exactamente, se necesitan humanos para construir y mantener las máquinas que ejecutan el código. A estas máquinas y las personas que las operan se les llaman mineros.

Quizás el obstáculo más crítico que Satoshi Nakamoto necesitaba para navegar al diseñar Bitcoin fue descubrir cómo hacer que los mineros funcionen en la red sin darles poder adicional para controlarla. Con la teoría de juegos en mente, Nakamoto ideó una solución brillante.

La verdadera descentralización no es posible, a menos que el sistema esté diseñado con los incentivos adecuados para la participación. Una blockchain sin los incentivos es solo un libro digital distribuido. Digamos que una corporación quiere usar una cadena de bloques para mejorar la gestión de su cadena de suministro.

Un libro digital distribuido sería útil para conectar de manera eficiente a varios fabricantes, almacenes y tiendas. Pero cada computadora que almacene la cadena de bloques de la corporación sería propiedad de la corporación. No tienen que preocuparse por los actores maliciosos en su red. Por lo tanto, no necesitan incentivar a todos los participantes para que se comporten en el mejor interés del sistema.

Para una descentralización real, ese no es el caso. Los mineros que procesan transacciones necesitan incentivos para hacerlo honestamente. De lo contrario, podrían agregar transacciones inválidas a la cadena de bloques, dándose más dinero.

Vamos a profundizar en los poderosos mecanismos de incentivo de Bitcoin para los mineros.

¿Cómo funciona la minería de Bitcoin?

Los mineros de blockchain tienen la función de procesar nuevas transacciones y de acuñar nuevas monedas digitales. Lo hacen agregando periódicamente nuevos bloques que contienen datos transaccionales a la cadena de bloques.

Los mineros individuales compiten para encontrar la solución a un difícil rompecabezas criptográfico. Una vez que se encuentra la solución, el minero puede proponer un nuevo bloque para agregar al final de la cadena de bloques.

Cuando se propone un bloque, otros mineros comprueban si es válido o no válido. Si se encuentran transacciones no válidas, los otros mineros no aceptarán el bloque como parte de la cadena de bloques. Si el bloque es válido, los otros mineros lo agregarán a la cadena de bloques y comenzarán a competir para proponer el siguiente bloque.

Es posible que las cadenas de bloques se dividan en varias secciones durante este proceso. Se podrían proponer dos bloques válidos casi simultáneamente, o tal vez algún porcentaje de los mineros aceptará deliberadamente un bloque no válido para beneficiarse a sí mismos. Sin embargo, solo hay una cadena de bloques válida: la cadena más larga con la mayoría de los bloques.

Por ejemplo, digamos que un grupo de 250 mineros se unieron, representando el 25% de la potencia minera total en la red. Ahora imagina que esos mineros deciden intentar beneficiarse de manera deshonesta publicando transacciones inválidas. Uno de los 250 que resuelve el rompecabezas criptográfico primero propondría un bloque con las transacciones no válidas, y los otros 249 lo aceptaría y comenzaría a agregarle más bloques.

Mientras tanto, el 75% restante de los mineros no aceptaría el bloque. En su lugar, estarían agregando a una cadena de bloques válidos. Teniendo tres veces la potencia minera del grupo deshonesto, los 750 agregarían nuevos bloques a su rama de la cadena de bloques tres veces más rápido. Eso les daría la cadena más larga, aceptada por todos los usuarios. La otra cadena perdería su valor y ningún usuario la aceptaría.

Para poder proponer con éxito un bloque inválido y agregarlo a la cadena de bloques más larga, uno tendría que controlar el 51% de la potencia minera. Nada menos que eso, y la actividad maliciosa no tendrá éxito.

Vamos a resumir todo eso muy rápido. Para que un blockchain sea confiable, dos cosas deben ser ciertas acerca de sus mineros:

- Los mineros no pueden tener la capacidad de cambiar los bloques anteriores.
- Los mineros no pueden agregar nuevos bloques a la cadena de bloques si contienen transacciones no válidas.

Debido a que los bloques anteriores no se pueden cambiar a través de la criptografía inteligente, los mineros no tienen la capacidad de alterar transacciones pasadas para obtener más dinero.

Sin embargo, los mineros tienen la capacidad de proponer un nuevo bloque a la cadena de bloques incluso si contiene transacciones no válidas. Lo que no tienen es un incentivo para hacerlo. Esto se debe a dos mecanismos de incentivos: Minería de Prueba de trabajo (PoW) y recompensas en bloque.

Prueba de trabajo y recompensas en bloque

La idea detrás de la Prueba de Trabajo, es hacer que sea extremadamente costoso explotar, desalentando las actividades mineras malintencionadas, como publicar bloques con transacciones no válidas. Y, por el contrario, la idea detrás de las recompensas en bloque es hacer que sea rentable, si se hace con honestidad.

Empecemos con la explicación de cómo funciona la prueba de trabajo.

El protocolo de Bitcoin ha incorporado el desperdicio computacional. Eso significa que un porcentaje extremadamente alto de todos los cálculos que realiza un minero de Bitcoin no es realmente necesario para procesar transacciones. Pero todo ese cálculo requiere electricidad igual que el cálculo útil. El consumo de electricidad cuesta dinero, lo que hace que la minería sea costosa.

El propósito de ese despilfarro es desincentivar a los mineros de ser deshonestos. Si la minería fuese barata, no hay mucho que impida que alguien intente publicar una transacción no válida en la cadena de bloques y se dé a sí mismo mucho dinero.

Si falla, no pierden mucho. Si tiene éxito, ganan mucho. La compensación es ciertamente valiosa. En cambio, debido a que es caro extraerlo, cada intento malicioso tiene un costo significativo. Ese costo sirve para disuadir incluso de intentar publicar transacciones maliciosas.

Como aprendimos en la sección anterior, un minero malicioso solo logrará el éxito con su ataque si controla el 51% de la potencia minera. Por lo tanto, debe haber un incentivo para que todos los mineros honestos usen siempre su poder minero completo, de modo que obtener el control de más del 51% del poder minero total sea lo más caro posible.

Ese incentivo es la recompensa de bloque: las monedas digitales recién acuñadas que recibe un minero cuando proponen un bloque a la cadena de bloques que se acepta y se convierte en parte de la cadena más larga.

Es importante saber que un minero solo gana dinero cuando propone un bloque que es aceptado por los otros mineros. En todas las demás ocasiones, el minero está perdiendo dinero. La probabilidad de que un minero proponga un nuevo bloque es aproximadamente igual a su proporción de la potencia minera en general. *Por ejemplo*, un minero con el 1% de la potencia minera total en la red propondrá aproximadamente el 1% de los bloques.

Si un minero no usa su poder minero completo, las probabilidades de que propongan el siguiente bloque disminuyen, y sus ingresos proyectados junto con él. Del mismo modo, si un minero propone un nuevo bloque, pero no se convierte en parte de la cadena más larga, no gana dinero alguno de esa propuesta.

Eso es mucho para asimilar, así que resumamos todo muy rápido.

Primero, sabemos que es muy costoso explotar Bitcoin. También sabemos que la única forma en que los mineros pueden obtener ganancias es resolviendo rompecabezas criptográficos rápidamente, para que puedan proponer nuevos bloques para agregar a la cadena de bloques.

Esos bloques solo se agregarán a la cadena más larga si no contienen transacciones no válidas (asumiendo que los mineros maliciosos no controlan el 51% o más del poder de la minería).

De ello se deduce, por lo tanto, que los mineros que desean maximizar la ganancia utilizarán toda su potencia de cálculo disponible y solo propondrán bloques válidos. De esta manera, los mineros interesados en sí mismos son incentivados a comportarse honestamente, y Bitcoin es confiable.

Con suerte, en este punto, estás empezando a entender por qué Bitcoin y blockchains se consideran tan "revolucionarios".

Ahora, tratemos de aclarar otra pregunta común que las personas tienen sobre Bitcoin.

¿Qué determina el valor de un Bitcoin individual?

¿Cómo se determina el valor de un bitcoin? La respuesta es la misma que para cualquier otro activo, digital o físico: oferta y demanda.

Es importante destacar que el suministro de Bitcoin se controla con mucho cuidado. La velocidad a la que se extraen los nuevos bitcoins se reduce a la mitad después de cada 210,000 bloques que se extraen. Cuando Satoshi Nakamoto comenzó a explotar, la recompensa por bloque era de 50 Bitcoins (BTC).

En noviembre de 2012, se redujo a 25 BTC. Se redujo a la mitad nuevamente, a 12.5 BTC, en julio de 2016. En mayo de 2020, se redujo a 6,25 BTC. Se proyecta que la próxima reducción a la mitad se realice en marzo de 2024.

Hay un límite superior en la cantidad de Bitcoins que se extraerán, exactamente 21 millones. Ya existen casi 19 millones, pero no se proyecta que el último bitcoin se extraiga hasta el año 2140. También vale la pena señalar que se han perdido aproximadamente 2 millones de bitcoins y es probable que nunca vuelvan a circular, lo que significa que el suministro real es parejo. Más bajo de lo que se ha extraído.

Mientras tanto, la demanda de Bitcoin es un producto de su facilidad de uso, y la conciencia de la gente al respecto. En 2017 y 2021, el último de esos dos factores realmente despegó, y es por eso que el valor en dólares de bitcoin se disparó. Sin embargo, gran parte de ese aumento en el valor se basó más en la especulación que en el aumento de la utilidad, lo que contribuye a la extrema volatilidad de Bitcoin

¿Cómo funciona realmente Bitcoin?

Bien, creo que hemos visto suficiente teoría por ahora. Hablemos de cómo funciona realmente Bitcoin en la práctica.

Supongamos que Patricia quiere enviar un bitcoin a Carlos. ¿Qué se necesitaría para que esa transacción sea exitosa?

Primero, Patricia necesita poseer al menos un bitcoin. Este bitcoin se almacenaría en su billetera (cartera), que es simplemente un conjunto de claves públicas y privadas.

La clave pública es la dirección del monedero. Puede compartir esta dirección sin comprometer la seguridad de los contenidos de la billetera. De hecho, Carlos tendría que compartir su clave pública con Patricia para recibir bitcoins de ella (Para entenderlo mejor es como si compartieras tu número de cuenta del banco).

La clave privada también juega un papel en la transacción. Esto es lo que le da a Patricia, y solo a Patricia, acceso al contenido de su billetera para que pueda enviar Bitcoins a Carlos. Si alguien más accede a la clave privada de Patricia, también puede obtener acceso a sus bitcoins. (Esto seria como tu clave de acceso a la plataforma de tu banco en internet)

Para enviar su Bitcoin a Carlos, Patricia ingresaría la dirección de Carlos en el cuadro de la dirección del destinatario. Luego, ella especificará la cantidad que desea enviar y adjuntará una cantidad adicional para pagar la tarifa de la transacción. Luego envía la transacción a la cadena de bloques y espera a que los mineros la validen.

Los mineros validan la transacción al verificar si la billetera de Patricia tiene la cantidad total de bitcoins que está intentando enviar. Si lo hace, la transacción es válida y el registro de la transacción se agregará a la cadena de bloques, mostrando que la billetera de Carlos ahora posee el bitcoin que Patricia le envió.

Si Patricia intentara enviar Bitcoins a María, los mineros volverían a verificar que su billetera contenga lo suficiente para cubrir la cantidad especificada. Suponiendo que ella no tenga suficientes bitcoins después de su transacción con Carlos, la transacción con María no sería válida y no se agregaría a la cadena de bloques.

La cadena de bloques de Bitcoin en realidad no hace un seguimiento de la información sobre cada bitcoin. Más bien, realiza un seguimiento de la información sobre cada billetera Bitcoin. Cuando Patricia le envía a Carlos un Bitcoin, la cadena de bloques simplemente actualiza la cantidad de bitcoin en cada una de sus direcciones. El Bitcoin en sí no existe específicamente; solo hay un registro de cuánto bitcoin hay en cada billetera de Bitcoin en un momento dado.

Eso puede sonar extraño al principio, pero no es diferente de nuestras otras bases de datos financieros. Cuando transfieres dinero de tu cuenta bancaria a la cuenta de un amigo, no se produce ningún movimiento físico de dinero. Tu banco simplemente está actualizando la nueva cantidad más baja que queda en su cuenta. El banco de tu amigo simplemente está actualizando la nueva cantidad más alta en su cuenta.

Un dólar en tu cuenta bancaria vale lo mismo que un dólar en efectivo. La única diferencia es que posees físicamente uno, mientras que posees digitalmente el otro.

Bitcoin elimina su capacidad de poseerlo físicamente, ya que no existe físicamente. Sin embargo, mejora su capacidad de poseerlo digitalmente, porque su clave privada le brinda acceso directo a los contenidos de tu billetera en lugar de que dicho acceso sea controlado por un banco u otra institución centralizada

7 maneras de usar Bitcoin

Al ser nuevo en Bitcoin, es posible que aún no estés familiarizado con la forma en que se utiliza en todo el mundo.

Vamos a enumerar solo 7 formas de usar Bitcoin, pero hay muchas más.

- **Como inversión:** Debido a su suministro limitado, más personas que aprenden acerca de Bitcoin y lo utilizan, conducirían a una mayor demanda, lo que elevaría el precio con el tiempo. Es por eso que muchas personas deciden comprar un poco de bitcoin y conservarlo a largo plazo.

- **Para pagar por bienes y servicios:** Hay cientos de tiendas en internet que aceptan bitcoins, como Dell, Overstock.com, Expedia, Pizza Hut y Virgin Galactic, por nombrar algunas.

- **Para respaldar a las organizaciones benéficas:** Con tantas personas que hacen fortunas personales, como los primeros inversores en criptomoneda, la comunidad criptográfica mundial se ha vuelto muy filantrópica. Un titular de Bitcoin anónimo incluso se ha comprometido a donar $ 86 millones en BTC a la caridad.

- **Para educar a otros:** Las ideas como la descentralización tienen una oportunidad real de hacer del mundo un lugar mejor. No hay mejor herramienta que Bitcoin para comenzar a difundir la conciencia acerca de lo increíble que es esta tecnología.

- **Para apostar:** Si invertir en Bitcoin no es una apuesta por sí solo, también hay muchos sitios de apuestas en internet que operan en Bitcoin. Si estás interesado, una búsqueda rápida en Google de 'juegos de azar de Bitcoin' debería producir muchos resultados.

- **Invertir en metales preciosos, el patrón oro reinventado:** Aunque técnicamente esto es lo mismo que considerar a Bitcoin como un vehículo de inversión, muy pocas personas saben que Bitcoin se puede usar para comprar metales preciosos, como oro y plata. Además de eso, varias plataformas en internet permiten a los usuarios intercambiar bitcoins por el valor de los metales preciosos como una forma de negociación diaria, algunos de los cuales han tenido un gran éxito a lo largo de los años. Sin embargo, siempre haga su propia investigación antes de confiar en cualquier plataforma.

- **¡Regalarlo! La alegría de regalar Bitcoin:** bitcoin es un regalo perfecto para amigos, familiares y seres queridos.

¿Cómo comprar Bitcoin?

Comprar Bitcoin no es tan diferente de cambiar cualquier moneda fiduciaria normal por otra cuando se viaja internacionalmente. Debes encontrar un lugar que acepte ambas monedas, pagar una tarifa por el intercambio, y eso es todo. Por supuesto, no es probable que encuentres una estación de cambio de divisas que ofrezca intercambios de Bitcoin en el aeropuerto. En su lugar, tu mejor apuesta es crear una cuenta en un intercambio confiable en internet.

El intercambio que debes utilizar dependerá de tu ubicación. En los Estados Unidos, el mayor intercambio es Coinbase.com

Agregaron pares de euros, por lo que los europeos también pueden probar Coinbase. Otra opción es Bitstamp.

En cuanto al considerable mercado de criptomonedas en Asia, los principales intercambios incluyen bitFlyer con sede en Japón y Korbit con sede en Corea del Sur.

Otros muy recomendados que funcionan muy bien para toda Latinoamérica y para casi todo el mundo, exceptuando Estados Unidos son: Binance, Kraken, Kukoin, OKE, Bittrex, entre otros.

En México puedes usar Bitso y VolaBit. Para Argentina, Chile, Colombia y Perú puedes usar buda.com.

Todas las casas de cambio tienen diferentes requisitos para registrarse. Algunos, como Coinbase o Binance, pueden requerir que verifiques tu identidad antes de realizar cualquier transacción.

He realizado el arduo trabajo de evaluar los mejores intercambios de criptomonedas en el mercado actual.

Si ninguno de los intercambios mencionados anteriormente funciona para ti, todavía tienes muchas otras opciones.

Simplemente, dirígete a localbitcoin.com en todo el mundo e ingresa tu país y el método de pago preferido.

Antes de continuar, me gustaría disipar un error común que la gente tiene sobre la compra de bitcoins, asumiendo que solo puedes comprar monedas enteras. En realidad, los bitcoins son divisibles en 100 millones de piezas.

A su valor actual, todavía puedes comprar cualquier cantidad equivalente en dólares, hay algunas casas de cambio como Binance que te permiten comprar desde 15 USD en adelante.

Entonces, si no poder pagar un Bitcoin completo fue lo que te detuvo, ¡adelante, compra algo de Bitcoin y haz la prueba!

¿Cómo enviar y recibir bitcoins?

Es posible que nunca antes hayas realizado una transacción de criptomonedas, pero probablemente hayas realizado una transferencia bancaria o dos, ¿no? Si es así, las transacciones en criptomonedas serán un paseo por el parque. Y si no, bueno, ¡seguirán siendo un paseo por el parque!

Cuando transfieres dinero de una cuenta bancaria, haces algunas cosas:

- Ingresas el número de cuenta bancaria del destinatario y posiblemente el apellido en su cuenta.
- Ingresas la cantidad que deseas enviar.
- Incluyes una nota para sus propósitos contables.

La estructura de una transacción de criptomoneda es esencialmente la misma.

En lugar de un número de cuenta bancaria, ingresarás la dirección de billetera (clave pública) del destinatario. Además de la cantidad que está enviando, incluirás una cantidad separada para la tarifa de transacción. El banco generalmente establece esta cantidad por ti cuando realizas una transferencia bancaria, pero con las criptomonedas puedes establecer tu propia tarifa. A menudo habrá una cantidad recomendada o predeterminada que puedes dejar como está si está de acuerdo con ella.

Si desea asegurarse de que su transacción se procese lo más rápido posible, podrías aumentar un poco la tarifa de la transacción para incentivar a los mineros a que incluyan su transacción en el siguiente bloque. Si la transacción no es sensible al tiempo, puedes reducir un poco la tarifa para ahorrar dinero y esperar a que un minero la incluya en un futuro bloque cuando haya un volumen bajo de transacciones.

Bastante simple, ¿verdad? Ahora, otra cosa importante a recordar es que las transacciones de criptomonedas, una vez en la cadena de bloques, son permanentes. Siendo ese el caso, siempre debes verificar que no hayas cometido ningún error:

- ¿Copiaste y pegaste la dirección de billetera del destinatario correctamente?
- ¿Es la dirección de billetera del destinatario la misma criptomoneda que la billetera desde la que está enviando la criptomoneda? (es decir, no enviar accidentalmente Bitcoin a una billetera Ethereum).
- ¿Es la cantidad correcta?
- ¿Es correcta la tarifa de transacción?

Si estás enviando una gran cantidad por primera vez, a menudo es una buena idea enviar primero una pequeña cantidad de prueba a la misma dirección. Claro, tienes que pagar una tarifa de transacción adicional, pero vale la pena para estar absolutamente seguro de que estás haciendo todo correctamente.

Desafortunadamente, esto se ha vuelto mucho menos asequible que con Bitcoin o Ethereum, ya que las tarifas de transacción han aumentado significativamente. Pero para la mayoría de las otras criptomonedas, todavía te costará solo un par de centavos.

Tratar con Bitcoin y otras criptomonedas significa lidiar con las tarifas de las transacciones de criptomonedas, así que asegúrate de conocer las tarifas correspondientes antes de confirmar cualquier transacción.

Cómo almacenar de forma segura tu Bitcoin

Una vez que hayas comprado bitcoin con éxito, tienes la opción de almacenarlo. Hay básicamente dos categorías de carteras de criptomonedas: almacenamiento en frío o caliente.

La principal diferencia entre los dos es que las billeteras de almacenamiento en caliente están conectadas de alguna manera a Internet, mientras que las billeteras de almacenamiento en frío están completamente fuera de línea.

Puedes pensar esto en términos de los fondos totales de un banco en comparación con la cantidad que almacenan en efectivo. Un banco con un capital de $ 10 mil millones no va a almacenar esos $ 10 mil millones en una bóveda en la ubicación del banco físico. Eso los convertiría en un gran objetivo para los ladrones. En cambio, el banco mantendría una pequeña fracción de su capital total, por ejemplo, $ 1 millón, en el banco real, y el resto solo se rastrearía digitalmente en sus bases de datos.

Ese $ 1 millón en efectivo es similar al almacenamiento en caliente. Está protegido por la seguridad del banco y por la bóveda, pero aún puede ser robado en caso de un ataque. Las carteras de almacenamiento en caliente, o carteras de software, están protegidas por al menos una contraseña, si no por la autenticación de 2 factores (2FA) mediante una aplicación como Google Authenticator o Authy. Sin embargo, siempre que estén en internet, son susceptibles a ser robadas.

El almacenamiento en frío es similar a los $ 9,999 millones de dólares restantes que el banco no almacena físicamente. Un ladrón que roba dinero de la bóveda le es prácticamente imposible. Las carteras de almacenamiento en frío, o carteras de hardware, todavía están protegidas por una contraseña, pero están completamente fuera de internet. Para que alguien pueda robar tus activos criptográficos de una billetera de hardware, necesitarían tomar posesión de la billetera física y tu contraseña.

Para los inversionistas a largo plazo, las billeteras de almacenamiento en frío son la respuesta obvia para una mejor seguridad. Para los inversores y comerciantes (*traders*) a corto plazo, las billeteras calientes ofrecen más conveniencia para mover activos constantemente. La mejor para ti dependerá de tus circunstancias y necesidades personales.

Hay muchas opciones para las carteras móviles. Algunas de las opciones más comunes para Bitcoin son: Exodus, Blockchain y la ofrecida por Coinbase.

A modo personal, la que mejor me ha funcionado de las carteras móviles es Exodus, es muy sencilla de utilizar, sobre todo para principiantes, tiene una muy buena apariencia para el usuario, es muy segura y puedes almacenar más de 100 criptomonedas diferentes.

También hay algunas carteras de software que se pueden desconectar, comúnmente llamadas carteras de escritorio.

Las opciones populares incluyen Exodus, para computadoras, y Mycelium, para dispositivos móviles.

En cuanto a las carteras de hardware, las dos opciones principales son Ledger Nano y Trezor.

Por otro lado, las casas de cambio descentralizadas no necesitan que realices un registro con tus datos personales, te permiten intercambiar una criptomoneda por otra, conectando tu cartera de navegador como Trust Wallet o Meta Mask.

Algunas de las casas de cambio descentralizas (DEX) más recomendables son: Uniswap (V3), MDEX, MDEX(BSC), PancakeSwap (V2).

3. VENTAJAS Y DESVENTAJAS DE BITCOIN

Ventajas de Bitcoin - ¿Qué hace que Bitcoin sea valioso?

Una vez más, Bitcoin es un activo puramente digital. No hay bitcoin físico, tangible. No está respaldado por oro, dólares estadounidenses, euros, ni ningún otro activo tradicionalmente valioso. Entonces, ¿por qué su valor? La mejor manera de responder esa pregunta es comparar y contrastar Bitcoin con otras monedas basadas en 5 propiedades fundamentales:

Bitcoin es duradero. Una moneda debe ser capaz de soportar las pruebas del clima y el tiempo. Si alguna vez sacaste algunas facturas de papel de tu bolsillo después de lavar tu ropa, entonces comprendes por qué la durabilidad es importante. En el caso de Bitcoin, cada moneda sobrevive mientras la red sobreviva.

El Bitcoin es escaso. La creación de nuevos Bitcoins está controlada por código y solo habrá 21 millones de bitcoins en existencia. Bitcoin fue diseñado para ser una moneda deflacionaria. Observa las monedas respaldadas por el gobierno, como el bolívar venezolano o el dólar zimbabuense, que se han hiperinflado, y está claro por qué es importante tener un suministro limitado de Bitcoin.

Bitcoin es transferible. Patricia puede enviar algunos de los bitcoins que le pertenecen a Carlos si así lo desea. Esta transacción ocurre en una red de blockchain distribuida, mientras que una transferencia bancaria tradicional ocurre en una red centralizada. De lo contrario, estos dos tipos de transferencias no son tan diferentes.

Bitcoin es divisible. Puedes comprar, vender o realizar transacciones con fracciones de un Bitcoin. Las subunidades de Bitcoin se llaman Satoshis, donde 1 Satoshi = 0.00000001. Eso significa que un solo bitcoin se puede dividir en 100,000,000 piezas. Puedes pensar en Satoshis como centavos por dólares estadounidenses y euros, o peniques por libras esterlinas.

Bitcoin es fungible. 1 bitcoin vale lo mismo que cualquier otro bitcoin en un momento dado. Bueno, para ser precisos, a menudo hay variaciones de precios de un intercambio de criptomonedas al siguiente. Sin embargo, el punto principal es que la red Bitcoin trata a todos los Bitcoins por igual, y no le importa su valor fiat.

Si analizas cómo las monedas fiduciarias se acumulan en Bitcoin según estas 5 propiedades, notarás que Bitcoin es al menos tan bueno, sino mejor, en casi todos los casos.

La única propiedad que se está retrasando ahora es la transferibilidad. Esto se debe a que hay más personas que desean realizar transacciones de Bitcoin que el rendimiento de la red para procesarlas todas. Es un gran problema, y uno que muchos desarrolladores están tratando de resolver. Hablaremos sobre eso más adelante.

Antes de alejarnos de este tema, todavía hay otra pregunta que deberíamos hacernos: ¿Por qué querría la gente Bitcoin? Dado que Bitcoin cumple los criterios básicos para ser una moneda, su valor como tal es una función de la oferta y la demanda. Entonces, ¿qué está impulsando la demanda.

Esta pregunta en realidad tiene varias buenas respuestas.

Lo primero es que Bitcoin se acumula bien contra las monedas fiduciarias en las 5 propiedades mencionadas anteriormente. Bitcoin es más duradero y escaso que las monedas fiduciarias. Se podría argumentar que también es más fungible, ya que es imposible falsificarlo.

Actualmente, es más divisible que las monedas fiduciarias, y es posible actualizar el protocolo y aumentar la divisibilidad en el caso de que Bitcoin aumente significativamente en valor.

En cuanto a la transferibilidad, el rendimiento de la transacción puede ser un problema por ahora, pero aún es posible enviar bitcoins a cualquier persona en el mundo en menos tiempo del que se necesita para realizar una transferencia bancaria. Así que incluso esa comparación es favorable para Bitcoin.

Por supuesto, lo que realmente diferencia a Bitcoin de las monedas fiduciarias es la principal consecuencia de la tecnología de cadena de bloques que discutimos anteriormente: la descentralización.

Desventajas de Bitcoin - El problema de escalabilidad

¿Sabes cómo hablamos de todos los cálculos inútiles que tienen que hacer los mineros de Bitcoin para que la red sea descentralizada y confiable? Hay otra desventaja en esa Prueba de trabajo de la que aún no hemos hablado, y eso es un lento rendimiento de la transacción.

El problema que enfrenta Bitcoin ahora es que los mineros solo pueden procesar entre 3 y 4 transacciones por segundo en promedio. Ese fue el rendimiento de la transacción suficiente para mantener la red funcionando sin problemas durante la mayor parte de la corta existencia de Bitcoin. Sin embargo, el volumen de transacciones ha crecido constantemente durante años, y finalmente comenzó a superar ese umbral de 3 a 4 transacciones por segundo durante 2016.

Como resultado, las tarifas de transacción de Bitcoin han aumentado significativamente. Estamos hablando de un aumento de $ 0.08 por transacción en promedio en enero de 2016 alrededor de $ 25 por transacción en enero de 2018. En su estado actual, no se garantiza que el uso de Bitcoin para transferir dinero sea más barato que los bancos. Y eso es un problema real.

Afortunadamente, hay múltiples soluciones. Explicaré un par de ellas en estas últimas secciones de la guía.

4. *FORKS, LIGHTNING NETWORK* Y ACTUALIZACIÓN *TAPROOT*

Forks de criptomonedas

Los protocolos de blockchain no se arreglan permanentemente para que permanezcan cómo estaban cuando se escribieron originalmente. Con el consenso, se pueden cambiar y actualizar para que funcionen de manera más efectiva. Esta versatilidad es la forma en que las criptomonedas ganan la descripción del dinero "programable".

No es sorprendente que haya ocasiones en que las comunidades no puedan llegar a un consenso sobre los cambios en el protocolo. Cuando dos facciones de una comunidad de criptomonedas no están de acuerdo con tales cambios, una de ellas puede ejecutar una bifurcación.

Se produce una bifurcación cuando los desarrolladores realizan cambios en el protocolo de la cadena de bloques, de modo que los nodos deben actualizar su software de minería para continuar con la extracción de esa cadena de bloques. En otras palabras, el software de minería que se utiliza para extraer la cadena de bloques original ya no funcionará para extraer la nueva bifurcación de esa cadena de bloques.

Bitcoin Cash es la bifurcación dura más conocida de Bitcoin. Sin embargo, ha habido muchos otros, incluyendo Bitcoin Silver, Bitcoin Gold, Bitcoin Diamond, etc.

Es posible tener un *hard fork* sin crear una nueva moneda. Esto ocurre cuando la comunidad llega a un consenso sobre los cambios de protocolo y todos los mineros acuerdan actualizar su software de minería.

También es posible tener un *Fork* "suave". Esto ocurre cuando se realizan cambios en el protocolo que no requieren que los mineros actualicen su software para mantener la minería en la cadena de bloques.

Cuando tienes una criptomoneda en el momento de una bifurcación dura, recibirás una cantidad de la nueva moneda igual a la cantidad del original que tenía en el momento de la bifurcación. Por ejemplo, si tuvieras 1 Bitcoin en el momento de la bifurcación de Bitcoin Cash, tendrías 1 Bitcoin y 1 Bitcoin Cash después de la bifurcación. Esto se debe a que Bitcoin y Bitcoin Cash tienen cadenas de bloques idénticas hasta que ocurrió la bifurcación, momento en el cual se separaron.

Una vez que se produce la bifurcación dura, las monedas están completamente separadas. Cualquier cosa que hagas con uno de ellos no afectará al otro.

Bitcoin Forks - ¿Qué es Bitcoin Cash?

La forma más sencilla de aumentar el rendimiento de transacciones de Bitcoin es aumentar la cantidad de datos almacenados en cada bloque en la cadena de bloques. Bitcoin Cash es básicamente una réplica del protocolo de Bitcoin con un tamaño de bloque de 8 MB en lugar de 1 MB. Esto aumenta el rendimiento de la transacción en aproximadamente 8x, lo que resulta en tarifas más bajas y tiempos de espera más cortos para las transacciones de Bitcoin Cash.

La razón por la que se creó Bitcoin Cash es que los desarrolladores y usuarios de Bitcoin no pudieron llegar a un consenso sobre si aumentar o no el tamaño del bloque fue una buena decisión. Los partidarios de ella querían reducir los costos a los niveles anteriores a 2016 lo más rápido posible, mientras que los que estaban en su contra temían que esto llevara a una mayor centralización en el futuro.

La razón por la que una mayor centralización es una posibilidad para Bitcoin Cash es que el tamaño de su blockchain está creciendo aproximadamente 8 veces más rápido que la de Bitcoin. Cada nodo (minero) en la red debe almacenar la cadena de bloques completa. Cuando la blockchain alcance un tamaño de varios terabytes, requerirá que cada minero tenga una mayor capacidad de almacenamiento.

Eso aumenta el costo de la minería, lo que posiblemente podría hacer que la minería sea menos factible para algunos de los mineros actuales. Si esto resultará o no en una mayor centralización de la minería es discutible.

Lightning network

Con suerte, las tarifas de transacción de Bitcoin y los tiempos de espera no serán tan altos por mucho tiempo.

Muchos desarrolladores han trabajado para implementar una solución para escalar Bitcoin llamada *Lightning Network*.

Esta es una solución de escalado de capa 2, lo que significa que la escala no se está produciendo en la propia cadena de bloques, sino en una segunda capa que está conectada a la cadena de bloques.

Lightning Network permite tarifas bajas y casi micro-transacciones instantáneas en Bitcoin. Críticamente, esas transacciones son tan confiables como las que ocurren en la cadena de bloques de Bitcoin real. La gente tiene grandes esperanzas de que *Lightning Network* haga que Bitcoin sea más usable como moneda nuevamente. Si realmente funcionará de esa manera o no, queda por verse.

En última instancia, la mejor manera de describir el futuro de Bitcoin en el momento presente es "incierta".

Por un lado, *Lightning Network* podría ser robusto y exitoso, y Bitcoin podría pasar un umbral crítico de adopción que lo enviará a la luna. No es del todo imposible que podamos ver bitcoins por valor de más de $ 100,000 USD cada uno en el futuro, ¿te imaginas eso? ¿Cuántas monedas de bitcoin quisieras tener?

Al mismo tiempo, es posible que las personas pierdan su fe y paciencia en Bitcoin, y esto podría caer en picada.

Actualización *Taproot*

En un artículo reciente de Jeff Benson, publicado por decrypto.co bajo el título: *"What Is Taproot, the Privacy-Focused Bitcoin Upgrade?"* señala que después de 4 años Bitcoin no realizo ningún tipo de actualización hasta noviembre del 2021, cuando está previsto que entre en efecto *Taproot*, una actualización para Bitcoin que promete un salto en privacidad y eficiencia de las transacciones, además desbloqueará el potencial de una característica clave de su tecnología blockchain, los contratos inteligentes, que elimina a los intermediarios de las transacciones, incluidas las más complejas. Esta actualización ha sido aprobada por los mineros criptográficos de todo el mundo.

¿A qué se dirige? La cadena de bloques de Bitcoin se compone de código informático. Entonces, cuando envía una transacción, las "monedas" están realmente conectadas a un *script* (secuencia de instrucciones). Estos comandos o instrucciones le dicen a la cadena de bloques lo que puede hacer con ellos. Por lo general, eso significa usar una clave privada para proporcionar una "firma" y demostrar que puede gastarla.

Pero las personas pueden realizar transacciones más complejas (es decir, contratos inteligentes o código que define un acuerdo entre un remitente y un receptor), como requerir varias firmas antes de que se puedan gastar las monedas o exigir un período de espera conocido como "bloqueo de tiempo". Cuando dichas monedas finalmente se gastan, esos *scripts* se vuelven públicos en la red de Bitcoin, agregando una gran cantidad de datos a una cadena de bloques ya voluminosa, mientras que potencialmente exponen algunos detalles sobre las personas involucradas en la transacción.

¿Qué haría *Taproot*? Con *Taproot*, todas las partes de una transacción pueden cooperar para hacer que estas transacciones complejas parezcan transacciones estándar de persona a persona. Lo harían combinando sus claves públicas para crear una nueva clave pública y combinando sus firmas para crear una nueva firma.

¿Cuáles son los beneficios? Para estos tipos específicos de transacciones complejas, *Taproot* debería mejorar la privacidad al tiempo que reduce la cantidad de datos necesarios para realizarlas, lo que reduce los costos de transacción que se han vuelto mucho más altos a medida que Bitcoin se ha vuelto más popular.

Además, el beneficio de privacidad se extenderá a las aplicaciones que utilizan contratos de tiempo limitado, como *CoinSwap*, que mezcla transacciones de Bitcoin para ofuscar el origen y el destino de las monedas.

Lo mismo se aplica a *Lightning Network*, una red de segunda capa que agrupa las transacciones fuera de la cadena. Estas aplicaciones, debido a *Taproot*, se vuelven más privadas. Como escribió su creador, "creo que esta construcción permitirá el mayor anonimato posible para los contratos inteligentes de partes fijas al hacer que parezcan los pagos más simples posibles".

¿Cuándo fue la última gran actualización de Bitcoin? La actualización de *Segregated Witness* (SegWit) en 2017 fue la última actualización importante de la red Bitcoin. El objetivo de esa actualización era eliminar algunos datos de firma en las transacciones para crear más espacio dentro de los bloques para las transacciones. La cadena de bloques de Bitcoin se volvería así más rápida.

Algunos pensaron que no fue lo suficientemente lejos y trataron a Bitcoin como un vehículo de inversión en lugar de una moneda utilizable; sentían que necesitaba tamaños de bloque aún más grandes que permitieran realizar transacciones de forma rápida y económica como el efectivo. Esa facción inició una bifurcación dura para formar Bitcoin Cash.

5. BITCOIN COMO UNA INVERSIÓN

¿Es Bitcoin una buena inversión?

Bueno, depende de a quién se le pregunte. La mayoría de los expertos en finanzas tradicionales son comprensiblemente reacios a comprar Bitcoin. Muchos creen que es una burbuja masiva, esperando ser explotada en cualquier momento. Dicho esto, está bastante claro que muchos de esos mismos expertos en finanzas tradicionales no han dedicado tiempo y esfuerzo a comprender qué son las criptomonedas y cómo funcionan.

Quienes entienden Bitcoin tienden, en promedio, a verlo más favorablemente. Sin embargo, les resultará difícil encontrar un inversor que no vea a Bitcoin como una inversión de riesgo extremadamente alto. Las opiniones divergentes están más centradas en si ese riesgo vale la pena o no.

Quiero compartirte una porción de un artículo publicado en el 2017 en medium.com, titulado *"La opinión de un inversor (institucional) sobre los criptoactivos"*, donde John Pfeffer presentaba un caso convincente a favor de invertir un pequeño porcentaje de su patrimonio neto en Bitcoin y planeaba mantenerlo durante 5 a 10 años.

Aquí hay un resumen muy condensado de lo que escribió Pfeffer:

- La criptomoneda que sea más valiosa en el futuro será la que sirva como reserva de valor, tomando capital de mercado de oro, USD, EUR, etc.

- Bitcoin tiene una gran ventaja como la moneda de reserva de valor, por lo que es mucho más probable que gane ese mercado en lugar de cualquier otra criptomoneda.

- Si Bitcoin se convierte en la reserva de valor predominante en el mundo, su capitalización de mercado podría ir tan alta como el rango de $ 5 USD a $ 15 billones de USD. (En 2021 la capitalización de bitcoin sobrepasó los $ 600 Billones USD).

- Si la probabilidad de que Bitcoin alcance ese potencial es superior al 5%, lo que Pfeffer cree, es que es racional invertir un pequeño porcentaje de tu cartera en Bitcoin.

- Poner todo tu dinero en una inversión tan arriesgada como Bitcoin no es aconsejable. Sin embargo, si hay una pequeña fracción de tu cartera en la que puedes permitirte tener una alta tolerancia al riesgo, Bitcoin puede ser una buena opción para ti.

Las 10 claves para tener éxito con tu inversión en bitcoin

Voy a compartirte, según mi experiencia, cuáles son los principales factores que debemos tomar en consideración a la hora de hacer una inversión en Bitcoin para que puedas tener buenos resultados.

Tu capacidad de inversión: No invertir más de lo que se estés dispuesto a perder o arriesgar.

Identifica tu nivel de responsabilidad económica: Si eres una persona soltera, tu nivel de responsabilidad es más bajo que si tienes una familia o personas que dependen de ti, revisa tus gatos fijos.

Tu nivel de conocimiento del Mercado. Tu inversión debe ser equivalente a lo que conoces de las criptomonedas o Bitcoin.

Determinar el periodo de tiempo de tu inversión: Identificar si tu objetivo es a corto, mediano, o largo plazo.

Establecer un precio objetivo para obtener ganancias. Determinar tu *target* o precio tope en el que piensas vender todo, o parte de tus criptoactivos y obtener beneficios.

Crear una estrategia de entrada y salida del mercado. Al momento de obtener ganancias, qué medio usarás para convertirlo a dinero Fiat, si es por cuenta bancaria, empieza a establecer esa relación con tu banco, haciendo aumento de depósito de fondos en tu cuenta periódicamente.

Entender que el mercado es volátil. Es importante tener perspectiva y saber que el mercado no se mueve de forma lateral o estable, el precio de Bitcoin siempre está haciendo movimientos fuertes a la baja o al alza. Si estás haciendo tu inversión con objetivo a largo plazo, hay que tener manos de diamantes, apretarse el cinturón y aguantar.

Nunca tomes dinero prestado para invertir. Es importante que sea un capital disponible para invertir el que utilices para las criptomonedas y Bitcoin. Dinero que no vayas a necesitar en un periodo largo de tiempo.

Siempre compra a la baja y vende a la alza. Aunque parece fácil realmente a la hora de ejecutarlo, los sentimientos y emociones pueden traicionarte, nunca vendas tus activos en pérdida.

Utiliza casas de cambio y carteras seguras. Identifica las plataformas de intercambio seguras. Puedes hacer una búsqueda rápida de las más confiables en coinmarketcap.com

Estrategia ganadora de inversión en bitcoin

Una estrategia que te va a funcionar muy bien para comenzar a acumular Bitcoins y obtener buen retorno es la de *dollar-cost averaging*.

Esta es una estrategia de inversión en la que un inversionista divide el monto total que se invertirá en compras periódicas de un activo objetivo en un esfuerzo por reducir el impacto de la volatilidad en la compra general. Las compras ocurren independientemente del precio del activo y a intervalos regulares.

Decide el monto, la frecuencia con la que vas a invertir y cuál es el objetivo que quieres alcanzar. Por ejemplo puedes decidir que vas a invertir 200 USD cada semana los viernes, hasta lograr completar un bitcoin sin importar el tiempo que te tome hacerlo.

Puedes colocar 2 órdenes de compra, una al precio actual con el 50% (100 USD) y el otro 50% (100 USD) a un precio más bajo. Esto te ayudará a obtener un buen precio promedio de compra y las ganancias serán notables.

Crear el hábito de ahorrar en bitcoin te puede hacer ganar mucho dinero, hacer comprar recurrentes mensuales en bitcoin, puede ser de las mejores cosas que hagas en un mediano o largo plazo. No necesitas vender la casa o sobreexponerte, solo se trata de crear una cultura de ahorro, y tu dinero se puede apreciar hasta 3 o 5 veces o más en el tiempo según el precio de Bitcoin vaya subiendo.

No importa si el monto es $10 o $1. Estamos hablando de un camino a largo plazo. Un largo proceso de inversión y reinversión que debería durar toda la vida. Si no haces nada, no pasa nada, pero ese es precisamente el problema. No pasará nada. Puedes comenzar abriendo una cartera y comprando $15 en BTC para romper el hielo. En ese preciso momento, te sentirás un cripto-inversor y con la práctica iras ganando confianza y disminuyendo el miedo.

5 errores costosos de inversión en bitcoin que debes evitar

Estoy segura de que a cambio de esfuerzo, tiempo y paciencia, tu inversión tanto en Bitcoin como en otras criptomonedas puede recompensarte con buenos beneficios en el corto, mediano, o largo plazo. Pero, si no tienes cuidado podrías poner en peligro tus potenciales ganancias. La buena noticia es que esos errores son fáciles de identificar y fáciles de corregir, por eso, en esta guía vamos a estar revisando 5 errores graves que suelen cometer los inversionistas en este mercado, y como sacarle el mayor provecho a tu inversión con mayor seguridad.

1. **Invertir sin educarte.** No busques atajos, lo que funcionó para otro no necesariamente funciona para ti. No tienes que convertirte en un experto o experta en la materia antes de invertir, pero sí los conocimientos necesarios para saber lo que estás haciendo.

2. **No realizar copias de seguridad de las claves de la *wallet* o cartera.** Es importante hacer la configuración de seguridad correcta a tu cartera y tener control de tus llaves privadas. Estas llaves privadas son esas 12 palabras que nos dan al momento de crear la cuenta. Ellas nos sirven para recuperar el acceso a nuestros fondos en caso de que tengamos algún problema. Hay una frase muy conocida en la comunidad que te recomiendo

aprender *"Not your keys, not your coins"* (Sin tus llaves no hay monedas). Siempre es importante mantener el control de tus llaves o claves privadas, y hacer la configuración de doble factor con la aplicación *google authenticator* o *authy*.

3. **Invertir sin tener un plan de inversión.** Desde el primer día deberías tener un plan disciplinado, estrategia de inversión, tolerancia al riesgo, diversificación, capital de inversión definido, etc. Invertir a ciegas sin tener un plan, no es invertir es apostar.

4. **Intentar predecir el Mercado.** Tratar de encontrar el precio más bajo del mercado para comprar, y el precio más alto para vender es imposible, no sabemos cuál será el valor más bajo o el más alto al que puede llegar el mercado, esto puede hacer que termines perdiendo grandes oportunidades. Lo más recomendable es hacer compras periódicas, independientemente del precio e ir vendiendo según vayas consiguiendo ganancias. Cuidado con la codicia y el miedo extremo.

5. **Confiar a ciegas en una Casa de Cambio.** Lamentablemente, muchas casas de cambio a lo largo del tiempo han sido *hackeadas*, y sus usuarios han perdido sino todos sus fondos, una gran parte de ellos. En una casa de cambio centralizada, ellos tienen el control de tus activos no tú, y pueden

determinar tus permisos, o si son atacados por los gobiernos de sus países se verían en la obligación de congelar tus fondos y así perderás el acceso a ellos. Por eso, es recomendable solo dejar en las casas de cambio el fondo que vayas a utilizar para hacer intercambios, y lo que vayas a guardar para ahorrar por más tiempo tenerlo en una cartera segura, donde tengas control de tus llaves privadas.

6. DINERO FIAT, BITCOIN, Y OTRAS CRIPTOMONEDAS

¿Bitcoin es mejor que otras criptomonedas?

Si solo elegir la mejor inversión fuera tan simple como elegir la mejor tecnología, esta pregunta tendría una respuesta directa.

Hay muchas criptomonedas nuevas que, desde un punto de vista tecnológico, son superiores a Bitcoin. Hay monedas con un rendimiento de transacción mucho más rápido, con menos impacto ambiental y mejor gobierno. También hay monedas, como Ethereum, que tienen una gran demanda y más aplicaciones que Bitcoin.

Puede ser que alguna de estas monedas algún día supere a Bitcoin, sin embargo, todavía es una suposición.

La primera ventaja de Bitcoin en el mercado, y el reconocimiento del nombre no deben ser descontados, ya que hasta ahora han sido factores importantes para su crecimiento. Y puede que no tenga todas las aplicaciones y la utilidad de otras, pero la aplicación más grande de Bitcoin, la de reserva de valor, es sin duda la más importante.

En última instancia, incluso los inversores más educados siguen siendo inciertos. Si has hecho el trabajo de leer hasta aquí, ahora es solo una cuestión de si crees que Bitcoin puede tener éxito y de lo que estás dispuesto a arriesgar con la esperanza de que lo haga.

No quiere decir que no haya criptomonedas importantes con las que puedas ganar dinero. Pero recuerda que en su mayoría son altamente especulativas. Al crear tu portafolio de inversión equilibrado, es importante que tomes en consideración si estás colocando 70% en Bitcoin la moneda más fuerte, y 30% en otras criptomonedas con alta y baja capitalización para especular.

Si estás interesado en aprender más sobre otras criptomonedas consideradas como principales, visita mi sitio web www.erikaespinal.info

Bitcoin como moneda de curso legal

Es emocionante lo vivido en el 2021 con las criptomonedas, algo inesperado sucedió el 5 de junio en la conferencia "Bitcoin Miami 2021", uno de los eventos más grandes de criptomonedas del mundo.

El presidente de El Salvador, Nayib Bukele, a través de una grabación, anunciaba que propondría la semana siguiente al congreso de su país, un proyecto de ley para convertir a Bitcoin, en una moneda de curso legal en el país centroamericano.

Para nuestra sorpresa, pocos días después del anuncio, la ley fue aprobada por la asamblea legislativa, y El Salvador se convirtió en el primer país del mundo en adoptar Bitcoin como moneda de curso legal. Se asoció con la compañía de finanzas digitales *Strike* para establecer la logística de la decisión.

Bitcoin está cumpliendo su propósito por el que fue creado, y El Salvador es un ejemplo. Esta nueva ley ayudará a proporcionar inclusión financiera a miles de personas que están fuera de la economía formal (Más del 70% de la población de El Salvador no tiene cuenta bancaria) y a mediano y largo plazo esperan que esta pequeña decisión ayude a empujar a la humanidad, al menos de forma mínima, en la dirección adecuada.

Esta decisión de El Salvador motivó a diferentes políticos en otros países latinoamericanos, a proponer leyes en favor de aprobar pagos en Bitcoin, como es el caso de Argentina, Paraguay, Brasil, México, Panamá, Uruguay, Honduras, entre otros.

Las regulaciones

Joe Liebkind en su artículo *"Bitcoin Government Regulations Around the World"* publicado por Investopedia, destaca que la idea de la moneda digital es muy nueva y los bancos centrales de todo el mundo, y todavía se están recuperando de las implicaciones de dicha tecnología. Blockchain, Bitcoin y las nuevas innovaciones del sector *fintech* (Tecnología financiera) están demostrando que pueden mejorar el status quo, pero también avanzar en el concepto de moneda digital, convirtiéndola en un verdadero competidor para reemplazar el dinero fiduciario. Esto está poniendo a los gobiernos del mundo muy nerviosos.

Por un lado, la creación de una legislación que fomente la adopción de infraestructura financiera de vanguardia, podría ser una gran ayuda para la competitividad económica. Por otro lado, dar a la gente demasiada libertad puede poner en riesgo la integridad del propio papel moneda del país. Aún no se ha logrado un equilibrio y, en consecuencia, los principales gobiernos han reaccionado de manera bastante diferente a la introducción de bitcoin (y otras tecnologías de criptomonedas) en sus respectivos países.

Las reacciones han variado desde la aprensión y el miedo, hasta la aceptación a gran escala. En lo único en lo que todos están de acuerdo es en que la decisión no debe tomarse a la ligera.

Estados Unidos se niega a "empujar a Bitcoin"

Como cualquier país, Estados Unidos tiene mucho que perder y mucho que ganar con la adopción de criptomonedas y blockchain. Curiosamente, los legisladores han optado en gran medida por no reconocer la tendencia creciente, y han dejado que exista sin mucha fanfarria.

El Gobierno Federal de los Estados Unidos aún no ha reclamado el derecho a regular las criptomonedas exclusivamente, dejando que los estados individuales determinen cómo pueden participar sus ciudadanos. Hasta ahora, Nueva York, Arizona, Maine, Nevada, Vermont y otros han presentado proyectos de ley a sus senados estatales, principalmente relacionados con el uso aceptable de libros de contabilidad de blockchain y contratos inteligentes, para el mantenimiento de registros y otras tareas.

Las únicas declaraciones concretas hechas sobre la criptomoneda por parte de entidades federales se refieren a cómo las personas deben informar sus ganancias (ganancias de capital al IRS) y cómo se gravan (como propiedad). Pronto, las firmas de inversión institucional permitirán a los inversores minoristas estadounidenses comprar Bitcoins, abriendo todo el espacio a un mayor escrutinio, y también al crecimiento potencial.

Europa: la capital de las criptomonedas

Europa es un lugar más complejo para las criptomonedas. A diferencia de la postura desatendida adoptada por EEUU., Europa salió de la crisis económica de 2008 más concentrada que nunca, y rápidamente construyó leyes y organismos reguladores para guiar a la joven industria *Fintech* en su trayectoria ascendente.

En los últimos años, *Fintech* ha significado cada vez más blockchain y, afortunadamente, ya existen muchas leyes diseñadas para fomentar su crecimiento. Dentro de la Unión Monetaria de 19 países, blockchain está casi diseñado específicamente para nuevas regulaciones que exigen transparencia de información y datos compartidos entre mercados e instituciones, y se está convirtiendo rápidamente en el nuevo sector de nuevas empresas más grande de la región. Incluso fuera de la Unión Monetaria, los bancos centrales han seguido su ejemplo, y reconocen el inmenso potencial de la adopción temprana para sus territorios individuales.

Suiza ha decidido adoptar la criptomoneda de la misma manera no regulatoria que muchos otros países europeos. El Consejo Federal Suizo ha declarado que si bien no hay necesidad de regular las criptomonedas actualmente, se están estableciendo leyes sobre cómo el sector financiero las utilizará para determinar su estatus como valores y gravabilidad. En consecuencia, Suiza alberga una escena de inicio de blockchain en rápido auge, gobernada por entidades comunitarias inclusivas como Crypto Valley Association, una organización sin fines de lucro diseñada para estandarizar la incorporación de nueva tecnología blockchain en el ecosistema suizo. La infraestructura pública también está comenzando a incorporar criptomonedas, y los pasajeros pueden pagar sus costos de transporte y otras tarifas municipales con Bitcoin.

En Alemania, bitcoin se considera una "unidad de cuenta" y sus ciudadanos son libres de comerciar con él como lo deseen. Sin embargo, también está sujeto a impuestos y debe incurrir en IVA cuando se negocia con euros. Alemania es otro excelente ejemplo de cómo los gobiernos han evitado un sin número de problemas regulatorios al no etiquetar la criptomoneda como moneda "real".

La aceptación asiática de las criptomonedas varía

Los países representativos de Asia han adoptado posturas sobre Bitcoin y criptomonedas que abarcan todo el espectro. Japón es posiblemente el país más positivo a las criptomonedas, y ha logrado serlo al reconocer monedas como Bitcoin como un medio de pago legal, pero no como una moneda tradicional. En consecuencia, los bancos no pueden ofrecer Bitcoins a sus clientes, pero tampoco es ilegal tener Bitcoins, dejando que el sector sea impulsado exclusivamente por innovadores de tecnología financiera. El resultado ha sido estelar, con muchas empresas que integran los pagos de Bitcoin en sus servicios y los contratos derivados como un "bono de Bitcoin" que se formula junto con otras formas de adopción.

Otros territorios en Asia, no pueden presumir de tal progreso, viendo el inicio de la criptomoneda con miedo. En países asiáticos como Bangladesh, Nepal y Kirguistán, el uso o el comercio de monedas virtuales es altamente ilegal y conlleva severos castigos. Incluso la potencia más grande de Asia, China, tiene una historia difícil con las criptomonedas.

La falta de cualquier regulación ayudó a China a convertirse en uno de los primeros en adoptar el espacio blockchain, especialmente en el comercio y la minería de bitcoins, pero experimentó un cambio drástico a principios de año. Asustada por la cantidad de capital que huía del país a través de bitcoin, China impuso repentinas y estrictas regulaciones sobre el comercio de bitcoins y más, y los entusiastas del país todavía enfrentan las consecuencias.

Según señala Rafael Gomez Torres en criptonoticias.com, Bitcoin desde el 2013 hasta el 2021 ha sido prohibido por China más de 7 veces, pero eso no ha detenido el crecimiento de esta criptomoneda.

En el 2013 se les prohibía a los bancos realizar transacciones relacionadas con Bitcoin. La restricción fue una decisión conjunta entre el Banco Popular de China, reguladores financieros, y el ministerio de tecnologías de la información, según reportó en ese entonces la *BBC*.

En el 2014, y luego de presiones gubernamentales, el más grande comercio en línea de China, Taobao, perteneciente al grupo Alibaba, prohibió las ventas de Bitcoin. La medida llegó justo cuando Alibaba trataba de avanzar hacia su mayúscula oferta pública de acciones (IPO).

En septiembre del 2017 múltiples medios de comunicación reportaron que China estaba lista para prohibir las casas de cambio de Bitcoin y criptomonedas. *Bloomberg* reseñó que el país restringiría las casas de cambio, pero mantendría los mercados extrabursátiles OTC. Si eliminar las casas de intercambio locales no fue suficiente, China apuntó sus restricciones en febrero del 2018 contras las casas de cambio internacionales. El país bloquearía todas las páginas web de las plataformas extranjeras para cercar la comercialización de la criptomoneda.

Ese mismo año el gigante asiático, a través de su banco central, le cerró las puertas a las Ofertas Iniciales de Monedas (ICO). La decisión se produjo luego que los analistas determinaron que se trataba de recaudaciones sospechosas y probablemente servirían para cometer fraudes.

En 2021, el gobierno prohibió a las instituciones financieras y a los medios de pago operar con criptomonedas. El país volvió a repetir su fórmula restrictiva y el precio de BTC volvió a retroceder. Luego, unos pocos meses más tarde prohibieron a las empresas suplidoras de energía eléctrica suministrar el servicio a sus clientes que se dedicaran a la minería de Bitcoin con el argumento de que Bitcoin requería un alto consumo de energía eléctrica, lo que contribuía con la contaminación y el desperdicio de recursos, esto provocó una fuerte caída en el precio.

Uno de los argumentos más fuertes que había existido contra Bitcoin, era que la minería estaba centralizada en China, y eso suponía un peligro para la moneda. El hecho tan temido sucedió, y el precio de Bitcoin después de una fuerte corrección se mantuvo lateralizado por un tiempo, demostrando que nada podría detenerlo. Ya nunca más se podrá usar este argumento contra Bitcoin como excusa.

Australia es un refugio para Blockchain

Australia ha logrado un equilibrio beneficioso en la forma en que manejan tanto la tecnología blockchain como las criptomonedas especulativas. Como muchos de sus pares, el país no ha regulado nada específicamente, lo que requeriría una intensa inversión y supervisión. En cambio, han etiquetado a Bitcoin como "dinero" para poder gravar a quienes comercian con él, y han creado límites especiales para guiar el floreciente sector de ICO del país.

La economía mundial de las criptomonedas

Con la capitalización de mercado total de la criptomoneda aumentando aún más en los cientos de miles de millones, los gobiernos del mundo han indicado casi unánimemente que están abiertos a permitir que ocurra esta nueva revolución. Con pocas excepciones, su estrategia colectiva ha sido observar pacientemente al margen. Incluso las entidades económicas más grandes están jugando al juego de la espera, pero la mayoría de los que han actuado lo hicieron de una manera positiva y gentil. Sin embargo, ese poder descentralizado da a los gobiernos una opción limitada en la materia, independientemente.

Bitcoin ETF

Parece inevitable que dos de las áreas más calientes del mundo de las inversiones se encuentren tarde o temprano. Para los entusiastas e inversores de las criptomonedas que buscan capitalizar la creciente popularidad de los fondos cotizados en bolsa (ETF), la posibilidad de un ETF que rastree Bitcoin es la mejor oportunidad para este tipo de conexión.

¿Cómo funciona un ETF de Bitcoin?

Un ETF es un vehículo de inversión que rastrea el desempeño de un activo o grupo de activos en particular. Los ETF permiten a los inversores diversificar sus inversiones sin ser propietarios de los activos. Para las personas que buscan enfocarse solo en ganancias y pérdidas, los ETF brindan una alternativa más simple a la compra y venta de activos individuales. Y debido a que muchos ETF tradicionales apuntan a canastas (colección de múltiples valores) más grandes de nombres con algo en común, un enfoque en la sustentabilidad, por ejemplo, o acciones que representan la industria de los videojuegos y negocios relacionados, permiten a los inversionistas diversificar fácilmente sus participaciones. (Nathan Reif *"Bitcoin ETFs Explained"* investopedia.com)

¿Qué son los ETFs de Bitcoin?

Los ETFs de Bitcoin son fondos de inversión que van cotejando el precio de la mayor criptomoneda del mercado (BTC), y si el precio de Bitcoin sube, el fondo también sube y viceversa.

Estos fondos operan en los mercados de valores tradicionales, y no en una casa de cambio de criptomonedas.

Al ser un ETF, los inversores no poseen directamente la criptomoneda, sino que invierten en un activo que sigue el precio de esta.

Cuando analizamos las solicitudes actuales de ETF con soporte físico, observamos que se han autorizado tres fondos canadienses hasta este momento, que son:

CI Galaxy Bitcoin ETF

Los inversores ya no pueden descartar el potencial que ofrece el Bitcoin. Y las soluciones de criptomoneda como CI Galaxy Bitcoin facilitan, y hacen más rentable, el acceso de todos los inversores a este activo digital mejorado. Con este ETF, el inversor obtiene exposición a Bitcoin sin necesidad de crear *wallets* (Carteras), o alternativos. No tiene un mínimo de inversión.

Galaxy Fund Management (GFM) es el sub asesor de CI Galaxy Bitcoin ETF y CI Bitcoin Fund. GFM forma parte de la rama de gestión de activos de Galaxy Digital, una empresa de servicios financieros diversificados dedicada al sector de los activos digitales y la tecnología blockchain. El equipo de GFM tiene una profunda experiencia institucional en la gestión de capital de terceros en clases de activos tradicionales y alternativos, sólidas relaciones con proveedores de servicios institucionales y contrapartes, y una conectividad excepcional en todo el ecosistema de blockchain y activos digitales.

Evolve Bitcoin ETF

Este ETF proporciona a los inversores exposición a los movimientos diarios del precio del Bitcoin en dólares estadounidenses utilizando las ventajas de los procesos de creación y reembolso que ofrece la estructura de los fondos cotizados. Los inversores en EBIT poseen directamente Bitcoin en una Cartera Fría. Gemini Trust Company LLC, actúa como subcustodio respecto a las tenencias de Bitcoin de EBIT.

Purpose Bitcoin ETF

Considerado como el primer ETF de Bitcoin del mundo, la réplica de este ETF es física y es guardado de forma segura en una Cartera fría. Cuando el inversor compra el ETF, la empresa compra Bitcoin real con el dinero. Al mantener este ETF, el inversor posee Bitcoin real en su cartera y para ello, no es necesario poseer una Cartera o*wallet*.

El ETF utiliza proveedores de liquidez de nivel institucional, como Génesis, para ayudar en la compra de Bitcoin al mejor precio posible para los inversores. No se utiliza intercambios de criptodivisas al por menor para realizar las compras de Bitcoin, esto se hace con el objetivo de garantizar que las transacciones sean lo más seguras posible.

El primer ETF de Latinoamérica se lanzó en Brasil

En la sección de negocios de ambito.com, Fernando M. Garrido destaca el papel de Brasil en el lanzamiento del primer ETF en Latinoamérica. La empresa gestora de criptoactivos fue Hashdex, El ETF de Hashdex replíca el índice Nasdeq cripto, que se basa en 6 criptoactivos: Bitcoin (BTC), Ether (ETH), la moneda nativa de la red Ethereum, Litecoin (LTC), Stellar (XLM), Chainlink (LINK) y Bitcoin Cash (BCH).

Este ETF tiene varias opciones de entrada para los inversores, ya que estos pueden invertir en el índice Nasdaq Crypto Index (NCI) y obtener exposición a través de varias plataformas conectadas con la Bolsa de valores de San Pablo o a la Bermuda Stock Exchange (BSX), la bolsa de valores de Bermudas.

ETFs en camino

La mayoría de las solicitudes, están retiradas por el momento, o esperando autorización. No obstante, existen 3 candidatos muy relevantes y sólidos para obtener la autorización:

Bitwise.
Fundado en 2017, lanzó el primer fondo indexado de criptomonedas y es el proveedor principal de exposición basada en reglas a activos digitales. Bitwise presentó planes recientemente para el ETF Bitwise Crypto Innovators, que seguirá el Índice Bitwise Crypto Innovators.

Fidelity.
Un gigante financiero estadounidense, también planea lanzar un ETF de Bitcoin, llamado Wise Origin Bitcoin Trust. El ETF haría seguimiento de la criptomoneda a través del Fidelity Bitcoin Index, que toma los precios al contado de diversos mercados de Bitcoin, incluyendo las casas de cambios populares.

Grayscale.

Gestiona el fondo líder en el mercado GBTC y posee más de 654.885 Bitcoins; la mercantil tiene 45.100 millones de dólares en AUM. El plan reciente de Grayscale es convertir el fondo GBTC en un ETF. La carrera por el ETF de bitcoin. (De Joan Gasent, *"La carrera por el ETF de bitcoin"*. es.rankiapro.com)

Dinero institucional ingresando a Bitcoin

En 2021 se ha visto un cambio importante en la forma en que las instituciones ven los activos digitales. Los efectos económicos de los bloqueos del COVID-19 en la primavera de 2020 hicieron que los bancos centrales se involucraran en estímulos económicos y redujeran las tasas de interés a cero, y la narrativa que rodea a Bitcoin se convirtió en la del "oro digital", una buena cobertura contra la inflación.

Una encuesta de junio de 2020 de Fidelity Digital Assets encontró que el 36% de los inversores institucionales de EEUU y Europa ya estaban invirtiendo en activos digitales.

Esas instituciones incluían personas de alto patrimonio, asesores financieros, oficinas familiares, fondos de riesgo y de cobertura de criptomonedas, fondos de cobertura tradicionales, dotaciones, y fundaciones. Especialmente en la segunda mitad de

2020, varios grandes inversores institucionales anunciaron compras de Bitcoin.

Curiosamente, aunque Bitcoin atrae cada vez más la atención de las instituciones, el interés de los inversores minoristas ordinarios nunca superó su máximo de 2017, según Google *Trends*.

Comprar activos digitales por primera vez puede ser una perspectiva intimidante, pero la realidad es que es más fácil que nunca invertir en criptomonedas, tanto para minoristas como para instituciones.

Empresas como MicroStrategy y Tesla optaron por lograr su asignación de Bitcoin a través de la propiedad directa de las criptomonedas, compradas y custodiadas a través de los principales servicios de corretaje de EEUU.

Los fideicomisos de Grayscale adquieren nuevos inversores a través de colocaciones privadas, comprando criptomonedas en segundo plano para lograr el respaldo subyacente de las acciones. Alternativamente, También hay algunas opciones para comprar acciones en empresas de criptomonedas. Coinbase se hizo pública en el NASDAQ a través de una cotización directa en abril del 2021, y sus acciones proporcionan una forma de apostar en una de las bolsas de corretaje más grandes del sector. NASDAQ es el segundo mercado de valores y bolsa de valores automatizada y electrónica más grande de los Estados Unidos. (Fiona, *"The evolution of institutional crypto investing"*. médium.com)

Otras empresas públicas de criptomonedas notables incluyen los mineros de criptomonedas Canaan y Riot Blockchain, el proveedor de ETP Coinshares y el holding Galaxy Digital.

Hay oportunidades para que los inversores minoristas compren criptomonedas en plataformas como: Paypal, Venmo, CashApp, Revolut, Trade Republic, Robinhood, eToro y más. Tanto para los pequeños inversores como para las instituciones, ya sea de los EEUU o del mundo, nunca ha sido más fácil obtener una posición en Bitcoin o en cualquiera de las criptomonedas del mercado.

7. EL FUTURO DE BITCOIN

La próxima década podría demostrar su importancia en la evolución de Bitcoin. Aparte de las revoluciones dentro del ecosistema financiero, hay un par de áreas en el ecosistema de Bitcoin a las que los inversores deben prestar mucha atención.

Actualmente, la criptomoneda se sitúa entre ser una reserva de valor y un medio para las transacciones diarias. Los inversores institucionales están ansiosos por participar en la acción y beneficiarse de la volatilidad de sus precios. (Rakesh Sharma *"What Will Happen to Bitcoin in the Next Decade?"* investopedia.com)

Esperamos que con la implementación de la actualización *Taproot* se puedan solucionar los problemas con la escalabilidad y la seguridad.

La próxima década traerá una explosión de pagos de alta velocidad y bajo costo que transformarán el intercambio de valor de la misma manera que Internet transformó el intercambio de información.

Los grandes bancos continúan notando la criptomoneda, con Goldman Sachs reabriendo su mesa de operaciones de criptomonedas y BNY Mellon abriendo servicios de custodia para monedas digitales.

El futuro de Bitcoin aún es muy incierto, pero de lo que sí estoy segura, es de que está en la cúspide de la aceptación generalizada.

Según Robert Kiyosaki, el empresario y autor de "Padre rico, padre pobre", se avecina un devastador desplome del mercado y ha instado repetidamente a los inversores a comprar oro, plata y Bitcoin, como activos de refugio a la espera de un desplome del mercado financiero mundial.

Pienso que el dinero está pasando de manos y Bitcoin le da la oportunidad a todo el mundo sin importar la clase social a la que pertenezca de tomar parte de ese pastel y crear riqueza.

Todavía hay mucho por hacer con Bitcoin y su precio en dólares podría marcar nuevos máximos históricos impensables.

Pienso que si el ETF de Estados Unidos se aprueba, esto podría impulsar bastante su precio y más dinero podría entrar al mercado, al igual que muchos países podrían sentirse motivados a aceptar pagos en Bitcoin, o como moneda de curso legal una vez hayan visto el progreso en la economía de El Salvador.

El próximo *halving* de Bitcoin podría traernos grandes sorpresas. Solo se van a producir 21 millones de monedas, la escasez es una característica muy importante que le da valor a Bitcoin y como en cualquier mercado a mayor demanda y menos oferta, el precio aumentará.

8. CONCLUSIONES

Puedes apostar a dinero a cualquier criptomoneda aleatoria y salir como un genio en este mercado tan volátil. Pero una cosa es cierta, es que eventualmente vendrá otro mercado bajista.

Cuando lo haga, puedes apostar a que la mayoría de los proyectos desarrollados a toda prisa y sobrevalorados fracasarán y desaparecerán. Para ser exactos se espera que un 95% de todas las criptomonedas existentes desaparezcan y que sólo sobrevivirá un 5%. Si quieres saber cuáles monedas están en ese 5% y cómo aprovecharlas, te recomiendo visitar mi sitio web www.mundocrypto.info

Quizás el viejo y confiable Bitcoin continuará perseverando contra todo pronóstico, como lo ha estado haciendo durante los últimos 10 años contra todo tipo de ataques, además todo el dinero institucional que está ingresando al mercado la mayor parte está directamente enfocado en Bitcoin, y por eso considero que es una buena opción de inversión, por lo menos aspirar a tener una moneda y guardarla para el futuro.

9. GLOSARIO

Capitalización de mercado: es una forma de **calcular el «tamaño» y la popularidad de una criptomoneda**. Se calcula multiplicando el valor actual de una criptomoneda por la cantidad disponible. Es decir, si una criptomoneda tiene 1.000.000 unidades en circulación y cada una cuesta $ 5 USD, su capitalización de mercado será de $ 5.000.000 USD (Juan Carlos Rubio**,** https://www.trecebits.com)

Moneda Fiat: Es una forma de dinero fiduciario cuya cualidad de dinero proviene de su declaración por parte del Estado como tal. Tiene ese nombre porque existe por decreto. (Wikipedia)

Criptografía: Es el arte de escribir con clave secreta o de un modo enigmático, define la Real Academia Española (RAE). (Analía Llorente BBC News Mundo https://www.bbc.com/mundo/noticias-50862657)

Trader: Es la persona que se encarga de realizar cualquier operación de compra y venta de activos en los mercados financieros. (E-trading Mexico https://www.etradingmexico.com/cual-es-la-diferencia-entre-trader-broker/)

Almacenamiento en frío: Es una forma de mantener fuera de internet nuestras criptomonedas.

DEX: Casa de cambio descentralizada.

Satoshis: Es la medida mínima del sistema monetario Bitcoin.

Transferibilidad: Se refiere a que es posible enviarlo, recibirlo y cargarlo con facilidad para adquirir bienes y servicios. (https://www.criptonoticias.com/criptopedia/criptomonedas/preguntas-respuestas-generales/)

Monedas fiduciarias: Se refiere al dinero monopolizado por el banco central del Estado, como por ejemplo: Euro, Dólar, Pesos, etc.

Escalabilidad: Se entiende por escalabilidad a la capacidad de adaptación y respuesta de un sistema con respecto al rendimiento del mismo, a medida que aumentan de forma significativa el número de usuarios.

Script: En informática, un script, secuencia de comandos o guion es un término informal que se usa para designar a un programa relativamente simple. (Wikipedia)

Contratos inteligentes o *Smart Contracts*: Se refiere al código que define un acuerdo entre un remitente y un receptor.

Volátil: Que cambia o varía con facilidad y de forma poco previsible.

Crypto-activo: Son el conjunto de activos digitales y nuevos bienes y servicios basados en la criptografía y la blockchain para su funcionamiento. Representan valores de los cuales se espera obtener un beneficio económico a corto, mediano o largo plazo. Los hay de muchos tipos, siendo los más comunes las criptomonedas y los tokens. (https://www.egafutura.com/glosario/criptoactivos)

Fintech: Es una industria financiera que aplica nuevas tecnologías a actividades financieras y de inversión. (Wikipedia)

IVA: Impuesto sobre el Valor Añadido es un impuesto indirecto que grava el consumo doméstico final de productos y servicios producidos tanto en el territorio nacional como en el exterior. (Lucia Gastón Lorente, https://www.bbva.com/es/que-es-el-iva/)

OTC: Los mercados *Over the Counter* (OTC) son mercados extrabursátiles donde se negocian distintos instrumentos financieros (bonos, acciones, swaps, divisas, criptomonedas…) directamente entre dos partes. Para ello se utilizan los contratos OTC, en los que las partes acuerdan la forma de liquidación de un instrumento. (https://www.bbva.com/es/que-son-los-mercados-over-the-counter-otc/)

ICO: Oferta inicial de criptomonedas.

Especulación: Es el conjunto de operaciones comerciales o financieras que tienen como fin obtener un beneficio económico. Para ello, aprovechando la fluctuación de precios en el tiempo, mediante la inversión de un capital. (Economipedia, por Andrés Sevilla Arias, https://economipedia.com/)

ETF: Exchange-traded fund, o fondo de inversión cotizado, es un fondo de inversión cuya principal característica es que se negocia en mercados de valores secundarios. (Wikipedia)

Canasta: Es una colección de múltiples valores (por ejemplo, acciones, divisas, etc.) que tienen un tema similar o comparten ciertos criterios. Por ejemplo, un ETF sectorial puede contener una canasta de acciones que pertenecen todas a la misma industria. (Wikipedia)

Criptodivisas: Son monedas virtuales con las que se pueden realizar transacciones electrónicas de compra y venta de bienes y servicios sin necesidad de un intermediario. A diferencia de las monedas físicas, como el euro o el dólar, las criptomonedas no son emitidas por ningún Estado o banco central. Solo existen en Internet, es decir, se generan y almacenan únicamente de manera digital. (https://www.bancosantander.es/blog/tendencias/que-debes-saber-bitcoins-criptodivisas)

Inversor institucional: Un inversor institucional es una empresa u organización que invierte dinero en nombre de otras personas. Los fondos mutuos, las pensiones y las compañías de seguros son ejemplos. (https://traders.studio/inversor-institucional/)

NCI - (Nasdaq Crypto Index): Es un índice que está diseñado para medir el rendimiento de una parte significativa de los mercados de activos, y proporcionar un punto de referencia para la inversión institucional en esta nueva y emergente clase de activos. (https://www.nasdaq.com/docs/2021/06/22/NCI_Fact_Sheet.pdf)

Inflación: Es el aumento generalizado y sostenido de los precios de los bienes y servicios existentes en el mercado durante un período de tiempo. (https://www.eleconomista.es/diccionario-de-economia/inflacion)

www.ingramcontent.com/pod-product-compliance
Lightning Source LLC
Chambersburg PA
CBHW070809220526
45466CB00002B/613